Pomme et ses plantations

Texte : Christina Björk
Dessins : Lena Anderson

Traduction : Dany Nervenne

casterman

Titre de l'édition originale suédoise : *Linnea planterar*
publiée par Bokförlaget Prisma (Stockholm).

ISBN 91-518-1220-7.

ISBN 2-203-12401-6.

Salut !

Je m'appelle pomme

C'est sans doute parce que j'ai les joues rondes. J'aime les fleurs, les feuilles, les plantes, les pépins et les graines... enfin, tout ce qui pousse.
Mais si je m'appelle POMME, ce n'est pas pour autant que j'habite dans un verger : au contraire, je vis dans le centre d'une ville, là où il n'y a ni bois ni prairie. Voilà pourquoi, chez moi, je fais pousser des plantes partout : dans des pots, dans des caisses et même dans des boîtes de conserves — ma chambre en est remplie.

Carl von Linné (1707 - 1778)

Ce monsieur s'appelle Linné. C'est un botaniste suédois. Si je l'ai mis dans mon livre, c'est parce qu'il aimait beaucoup les fleurs, lui aussi. Il a examiné toutes celles qu'il a rencontrées et leur a donné un nom latin, puis il les a classées dans un grand dictionnaire.

J'ai un ami que j'aime beaucoup. Il s'appelle FLORENT. Je trouve que ce nom lui va bien. C'est un ancien jardinier, aujourd'hui à la retraite.
— Florent, pourquoi les fleurs, chez toi, poussent-elles si bien?
— J'ai la main verte, me répond-il.
— La main verte? Mais non, Florent, tu n'as pas la main verte. (Ses doigts ont tout au plus la couleur de la terre.)
— Si, j'ai la main verte, continue-t-il d'affirmer, mais personne ne peut le voir. Seules les fleurs le savent, parce que je sens ce dont elles ont besoin.
— Aha, lui dis-je, j'aimerais bien avoir les mains vertes, moi aussi!
— Plus tu t'occuperas de plantes, plus elles le deviendront, dit Florent. Je vois d'ailleurs que tes doigts commencent à verdir. C'est sûrement à cause de ton oranger!
— Mon oranger, c'est vrai! Il faut que j'en parle.

Regarde mon oranger !

Après Noël, j'ai planté des pépins d'orange. Maintenant, j'ai un véritable petit oranger. Voici comment j'ai fait. Chez le marchand de graines, j'ai acheté des briquettes de tourbe que j'ai aussitôt arrosées.
La tourbe s'est mise à gonfler très

vite ! Lorsqu'elle a atteint cinq centimètres de hauteur, j'ai enfoncé quelques pépins d'oranges avec un crayon.
J'ai écrit « oranges » et la date, sur une petite carte. Puis j'ai dû attendre et arroser. La tourbe ne doit jamais sécher. Un seul des pépins a germé. En quelques mois, il a donné naissance à un vrai petit arbre (au printemps, tout se met à pousser plus vite).
Lorsque l'arbuste a atteint 10 cm de hauteur, je l'ai mis dans un pot. J'ai placé quelques cailloux au fond, pour boucher le trou, puis j'ai ajouté de la terre en versant de l'eau pour qu'elle soit parfaitement humide. Enfin, j'ai placé l'oranger avec la tourbe. Encore un peu de terre que j'ai doucement tassée autour de la tige (mais sans trop appuyer), et voilà !
L'oranger a besoin de beaucoup de lumière et de chaleur. Mais, il faut veiller à l'arroser souvent.
Au printemps, en été et en automne, il lui faut un peu d'engrais. Si l'on a de la chance, il fleurit après trois ans (mais moi, je n'ai pas eu de chance...).

D'autres pépins et noy

Les citrons, les pamplemousses, les mandarines et les clémentines sont des agrumes. Tu peux planter leurs pépins, comme je l'ai fait avec les oranges.

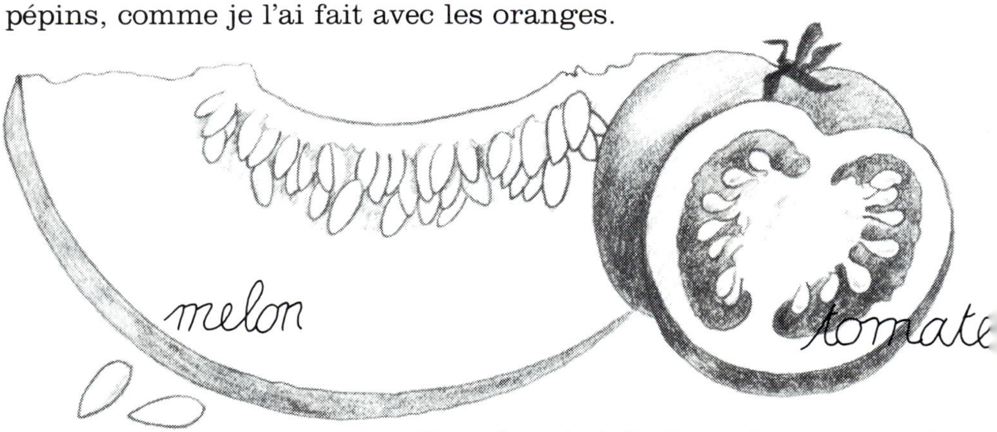

Lave les pépins et sèche-les bien avant de les planter.

Lave-les et sèche-les soigneusement. Laisse-les reposer quelques semaines dans un petit sac en plastique avant de les planter. Veille bien à ce qu la plante reçoive beaucoup de lumière.

tu peux planter presque tous les pépins.

aux à planter

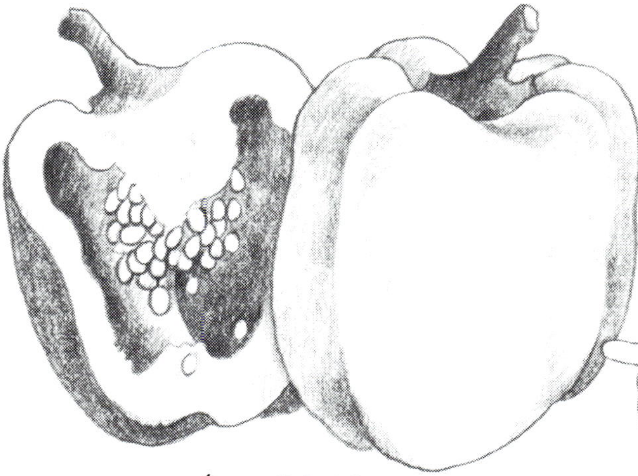

poivron

Il faut laisser les pépins sécher quelques jours. Le pot doit être placé dans un endroit chaud exposé à la lumière.

raisin

èche les pépins
t plante-les dans
e même pot.

avocat

Le fameux noyau que voilà! Mais va voir à la page 12, tu en sauras plus à son sujet.

omme les pépins d'orange.

L'avocat, mon noyau

Ce qui est très chouette, avec l'avocat, c'est qu'il devient énorme. Il peut atteindre un mètre de hauteur, et même plus. Le mien n'est cependant pas aussi grand.

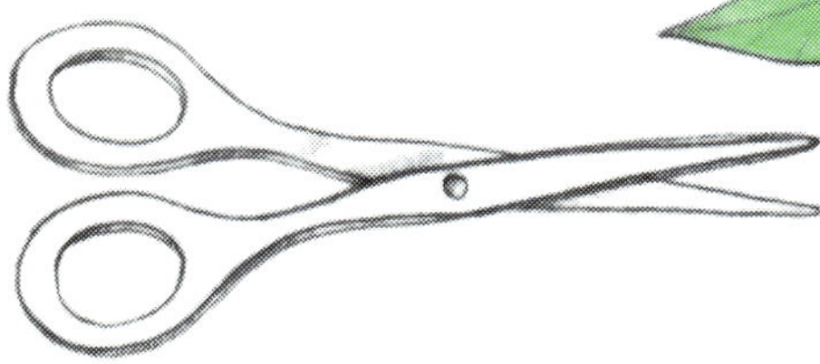

Voici comment procéder :
Choisis un avocat bien mûr et enlève le noyau. Lave-le à l'eau tiède et laisse-le sécher pendant 24 heures. L'enveloppe brune extérieure doit se détacher comme une écaille.
Plante le noyau, pointe en haut, dans de la terre humide. La partie supérieure doit rester à l'air libre. Couvre le tout d'un petit sac en plastique avec des trous pour l'aération de la plante. Ainsi, l'air qui circule à l'intérieur devient plus humide et il ne faut pas arroser très souvent. Mais fais bien attention, il faut que la terre soit toujours humide.
Ensuite il faut attendre. Trois semaines ou trois mois — on ne peut jamais dire avec précision combien de temps cela va prendre. Mais quand le jet fait son apparition, il faut bien vite ajouter de la terre pour recouvrir entièrement le noyau.

préféré

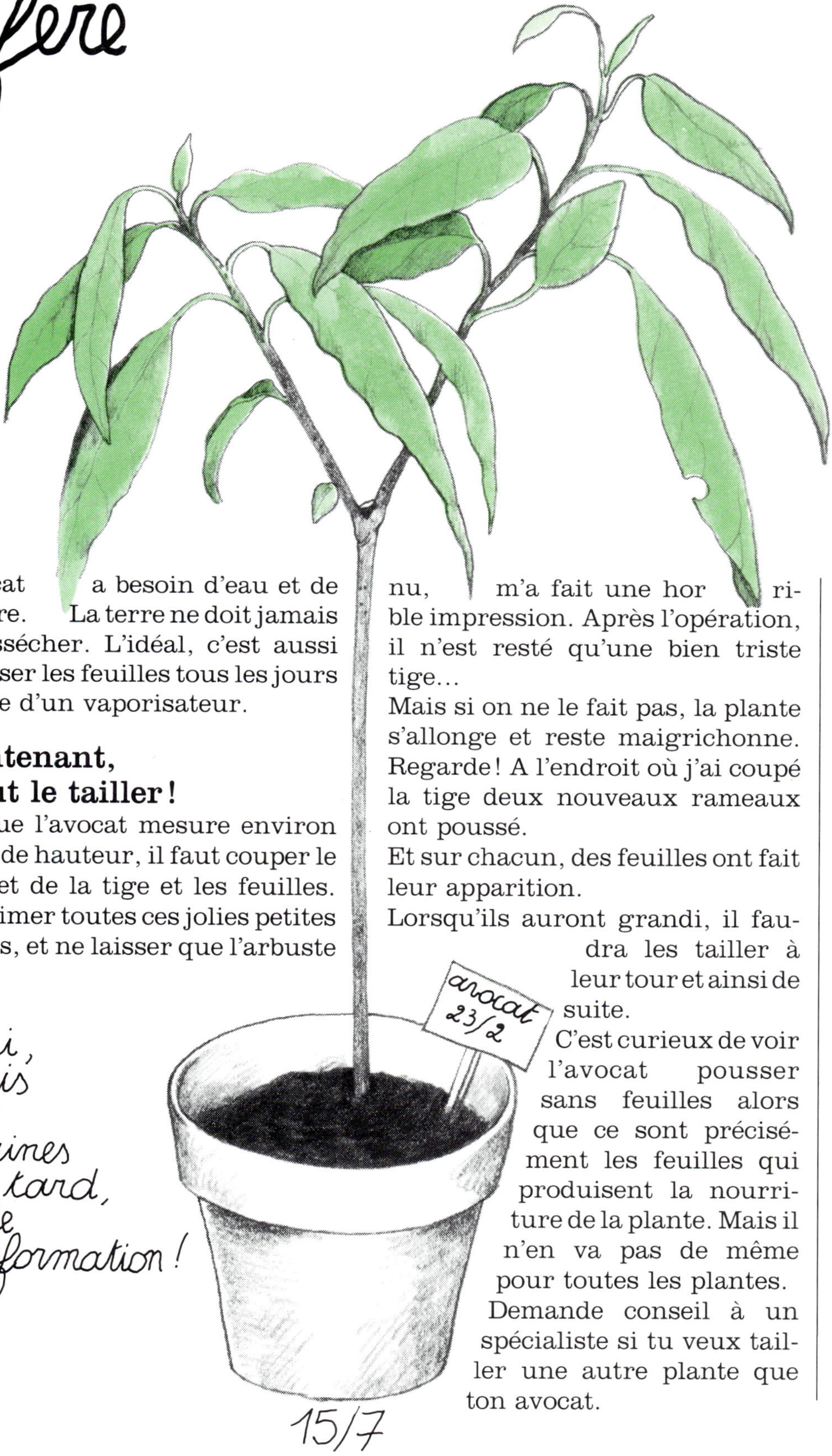

L'avocat a besoin d'eau et de lumière. La terre ne doit jamais se dessécher. L'idéal, c'est aussi d'arroser les feuilles tous les jours à l'aide d'un vaporisateur.

Maintenant, il faut le tailler !

Lorsque l'avocat mesure environ 20 cm de hauteur, il faut couper le sommet de la tige et les feuilles. Supprimer toutes ces jolies petites feuilles, et ne laisser que l'arbuste nu, m'a fait une horrible impression. Après l'opération, il n'est resté qu'une bien triste tige...

Mais si on ne le fait pas, la plante s'allonge et reste maigrichonne. Regarde ! A l'endroit où j'ai coupé la tige deux nouveaux rameaux ont poussé.

Et sur chacun, des feuilles ont fait leur apparition.

Lorsqu'ils auront grandi, il faudra les tailler à leur tour et ainsi de suite.

C'est curieux de voir l'avocat pousser sans feuilles alors que ce sont précisément les feuilles qui produisent la nourriture de la plante. Mais il n'en va pas de même pour toutes les plantes. Demande conseil à un spécialiste si tu veux tailler une autre plante que ton avocat.

... oui, mais sept semaines plus tard, quelle transformation !

Louise, 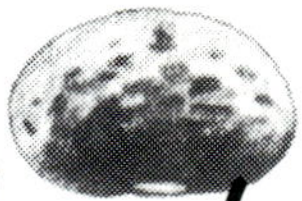 la fève la plus rapide de la ville

Parfois, on n'a pas la patience d'attendre et les pépins ne poussent pas vite! J'ai donc acheté un paquet de fèves chez le marchand de graines. J'ai pris une fève que j'ai baptisée Louise; je l'ai installée dans un pot assez grand et enfoncée dans la terre, à 2 cm de profondeur environ.

J'ai arrosé la terre et placé le pot près d'une source de chaleur. C'était le 10 avril.

Quatre jours plus tard, la première pousse verte de Louise est sortie du sol. Et Louise a grandi à toute vitesse, chaque jour elle a pris plusieurs centimètres. J'ai dû enfoncer un tuteur dans le sol pour la soutenir.

Deux semaines plus tard, Louise était aussi grande que moi!

J'ai décroché le rideau, puis j'ai tendu une corde reliant le pot à la tringle pour qu'elle puisse s'enrouler tout autour. J'ai encore planté quatre fèves. Elles viennent de germer, sauf une, qui ne poussera probablement jamais.

Plus tard, Louise et les autres plantes se sont couvertes de jolies fleurs rouges. Si on les installe à l'extérieur (sur le balcon ou dans le jardin), les fleurs disparaîtront et seront remplacées par d'énormes cosses. Ces cosses sont des enveloppes remplies de fèves identiques à celles qui ont été plantées.

attention!

Les cosses et les fèves sont un peu toxiques. Mais on peut les manger quand elles sont cuites.

Ne te désole pas si la plante se fane.
Elle ne vit qu'un an.
Au printemps prochain, tu pourras en planter de nouvelles.

Que se passe-t-il au mo de la germination ?

Pourquoi Louise a-t-elle germé lorsque je l'ai plantée? Pourquoi n'a-t-elle pas commencé à pousser dans le paquet? Il faut que je le demande à mon ami Florent.

— Pour qu'une fève ou une semence germe, elle a besoin de trois choses : de l'eau, de l'oxygène et de la chaleur.

Lorsque Louise a été plongée dans la terre humide, elle a absorbé l'eau (dans le sachet, il faisait froid et sec).

Grâce à l'eau et à l'oxygène de l'air qui pénètrent dans la terre, Louise a pu commencer à pousser. Vers le haut elle a développé des feuilles et vers le bas des racines. Louise avait besoin de ces feuilles et de ces racines pour se nourrir.

— Mais comment a-t-elle fait pour vivre avant de recevoir sa nourriture? ai-je demandé à Florent.

— Elle a accumulé des provisions à l'intérieur de son enveloppe. C'est à l'intérieur de la graine que réside la force de la plante. C'est sa réserve de nourriture qui lui a permis de vivre alors qu'elle n'avait ni racines ni feuilles.

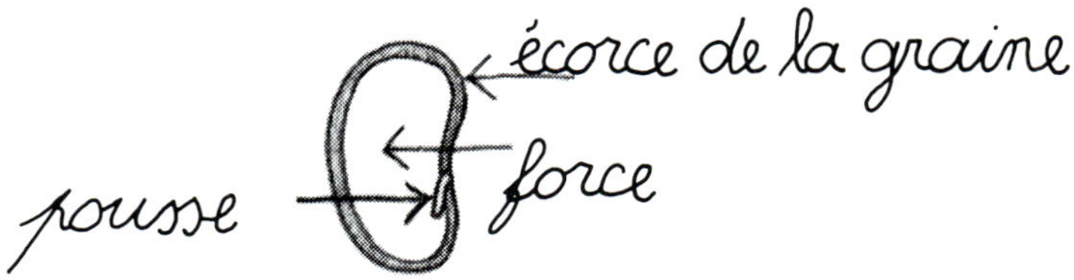

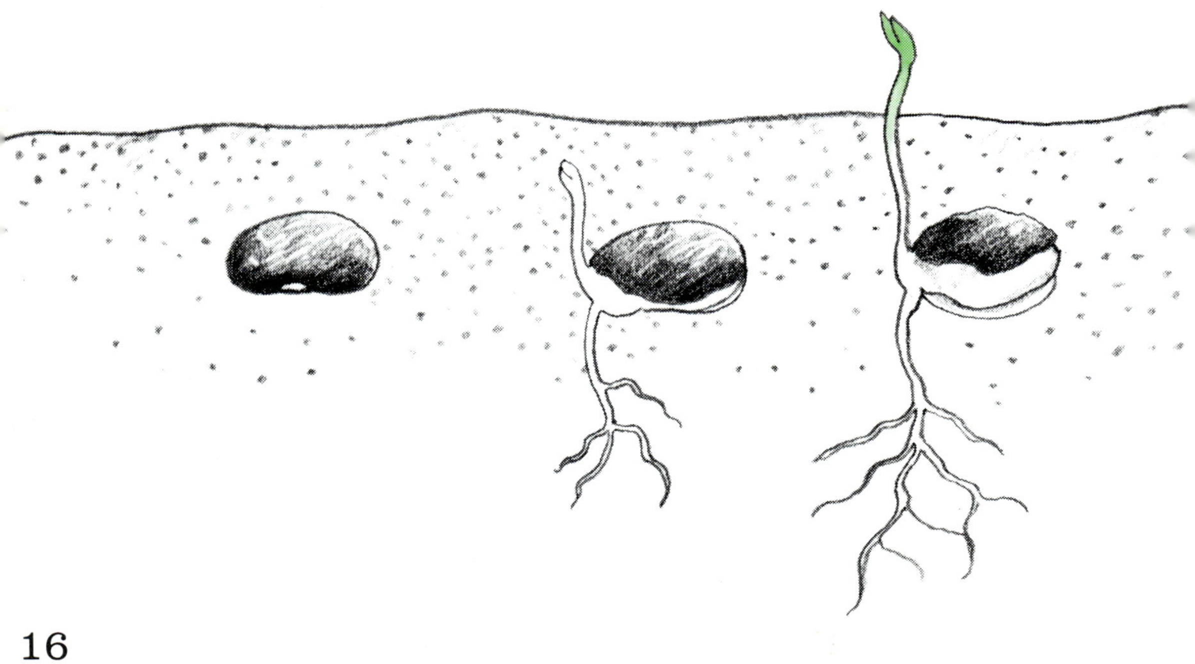

nent

C'est là aussi que se trouve la pousse, qui vit déjà. Elle attend bien sagement de recevoir l'eau et la chaleur pour commencer à pousser.

— Et pourquoi la pousse vit-elle déjà ?

Je pose cette question à Florent car je veux tout savoir !

— Je n'ai pas de réponse à te donner, m'a-t-il dit. Les questions qui concernent la vie sont parmi les plus difficiles.

— Et si Louise avait poussé de travers ? Sur le côté par exemple ?

Une plante se dirige naturellement vers la lumière. Tout comme toi. C'est pour cette raison qu'elle pousse vers le haut.

Les racines poussent vers le bas. Car c'est dans la terre qu'elles trouvent leur nourriture.

— Mais si j'avais retourné le pot de Louise, si je l'avais mis à l'envers ?

— Alors, Louise aurait pris la direction opposée, m'a dit Florent, et aurait quand même poussé vers le haut jusqu'à ce qu'elle ait heurté le fond du pot.

— Et si, par la suite, nous avions redressé le pot, serait-elle tout de même sortie de terre ?

— Bien sûr, a dit Florent.

J'ai organisé les olympi

C'est amusant de voir comment tout pousse. Les plus drôles sont les petits pois, les fèves et les lentilles. Je te propose pour commencer

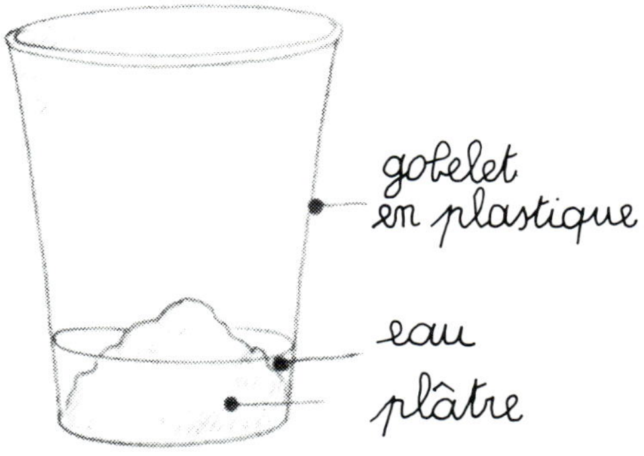

de mesurer leur force. Je commence par fabriquer le plâtre. Pour cela, je verse la poudre de plâtre dans un peu d'eau (et non

pas l'inverse). Ensuite, je mélange le plâtre. Je le verse sans attendre dans les formes à gâteau et j'y enfonce 3 petits pois : Alice, Victor

Qui est le plus fort ?

et Christian. Lorsque le plâtre a durci, j'enlève la forme.
Alice, Victor et Christian se trouvent maintenant à l'intérieur du plâtre. Ils absorbent l'eau du

plâtre et commencent à grossir…
Au fur et à mesure qu'ils poussent et grossissent, ils repoussent le plâtre et le font éclater.
C'est Victor qui a gagné. Il a réussi à sortir en deux heures. Christian, lui, a dû attendre trois heures et

Alice, la pauvre, n'a jamais réussi à sortir.

Qui germe le plus vite?

J'ai placé les concurrents dans un bocal en verre contenant de l'ouate humide.
Il y avait:
Frédéric, le pois cassé
Balthazar, le pois vert
Marie, la lentille
et Elsa, la fève.
L'épreuve a commencé le 19 avril.

Résultats

Frédéric a gagné. Après cinq jours (le 24 avril), voici l'aspect qu'il présentait dans le bocal. Elsa n'avait pas encore germé (chez les fèves, il y a vraiment beaucoup de différences de l'une à l'autre).

Qui pousse le plus vite?

A cette compétition n'ont participé que trois petits pois: René, Marc et José. Je les ai enfoncés chacun dans une briquette de tourbe (voir page 9 comment procéder).
Lorsque les pousses ont fait leur apparition, je leur ai placé un tuteur.

Résultats

Marc l'a emporté avec facilité. René est arrivé deuxième. José, le malheureux, s'est fané. Peut-être n'a-t-il pas été assez arrosé. Sa briquette de tourbe était trop sèche.

Mon impatiente et moi

Maintenant, je vais vous parler de ma plus jolie plante en pot. Elle s'appelle l'*impatiente*. C'est un nom qui lui va bien car elle semble toujours impatiente de pousser et de fleurir : Florent m'en a donné une petite bouture.
Une bouture, c'est un petit rameau de plante que l'on met en pot. La bouture a donné des racines et voilà le résultat !

Voici comment faire :
D'habitude, on prend la bouture dans la partie supérieure de la « plante-mère ». Mais on peut tout aussi bien la faire sur les côtés. J'ai coupé ma bouture avec un couteau bien aiguisé, juste au-dessus d'une feuille. Plus tard, à cet endroit, une petite pousse fera son apparition.
J'ai choisi une bouture à quatre feuilles sans fleurs ni boutons : au début, la bouture aurait trop de mal à nourrir des fleurs.
Pour la ramener à la maison, j'ai placé la bouture dans un sachet en plastique. Puis je l'ai taillée avec un couteau bien affûté, juste en dessous de la feuille la plus basse (les nouvelles racines poussent plus facilement à partir du pli de la feuille) que j'ai ensuite enlevée et j'ai mis la bouture dans un verre d'eau.
J'ai recouvert le verre et la bouture d'un sac en plastique transparent (percé de trous d'aération). Cela m'a évité de devoir l'arroser trop souvent.
Il ne faut pas avoir peur si la bouture commence à se faner. Elle a simplement reçu un léger « choc » :

2

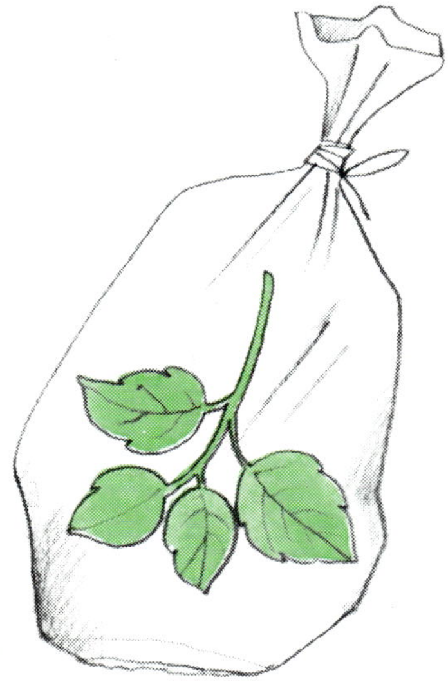

1

elle n'a pas l'habitude, en effet, de vivre sans sa « mère ».
Après quelques jours, de petites racines font leur apparition, et deux semaines plus tard, elles atteignent plusieurs centimètres.

C'est le moment de planter !
Je me suis procuré un pot, pas trop petit car l'impatiente pousse très vite. J'ai recouvert d'un caillou le trou au fond du pot pour que puisse s'évacuer l'eau et non la terre.
J'ai rempli de terre le pot en m'arrêtant à 5 cm du bord supérieur. J'ai arrosé jusqu'à ce que l'eau sorte

par le trou, ce qui signifie que la terre est bien humide. J'ai placé ma petite impatiente dans le pot et j'ai ajouté de la terre que j'ai bien tassée autour de la tige, mais sans exagérer. La terre ne doit pas arriver au bord du pot car il faut garder de la place pour permettre l'arrosage.
Pendant les cinq premiers jours, j'ai laissé le sac en plastique audessus du pot et de la bouture jusqu'à ce que les racines se soient habituées à leur nouvel environnement.
Tourne la page, tu verras comment elle pousse, mon impatiente.

Elle grandit

En peu de temps, ma petite impatiente est devenue une vraie plante. Florent dit que c'est une erreur de qualifier sa plante de « mère » et ma bouture d' « enfant », car il s'agit en fait de la même plante. Pour obtenir un autre individu, il faut repartir d'une graine. (C'est ce que j'explique page 40.)

Impatiens Valleriana
C'est le nom latin de mon impatiente. Elle appartient à la famille des balsaminacées. Elle a beaucoup de noms. On l'appelle aussi la « Balsamine du sultan ». Ses sœurs vivent dans les forêts tropicales d'Afrique de l'Est et de Zanzibar. Là-bas, elle pousse comme de la mauvaise herbe.
L'impatiente fleurit toute l'année, sauf en décembre lorsqu'il fait très sombre.
Ses fleurs sont rouge vif, orange, roses, saumon, blanches ou lilas. Moi, je préfère l'impatiente rose.

chaleur

L'impatiente n'aime pas le froid. En hiver, il faut lui assurer une température minimum de 20°. Si elle perd ses feuilles et s'il n'en repousse pas d'autres, c'est probablement parce qu'elle a trop froid.

eau

Plus l'impatiente reçoit de chaleur et de lumière, plus elle a besoin d'eau. Mais il ne faut pas trop l'arroser, sinon la tige pourrit. Lorsque la plante fleurit (et elle est presque toujours en fleurs), il est déconseillé d'utiliser le vaporisateur.

engrais

De mars à septembre, l'impatiente doit recevoir un peu d'engrais dans son eau. Une fois par semaine.

attention

L'impatiente reçoit très facilement la visite de parasites.
Il faut l'examiner régulièrement. Trop de soleil provoque l'apparition d'araignées rouges. Si l'air est trop sec, des pucerons ou des mouches blanches peuvent y trouver abri.
Page 44, tu verras comment faire pour te débarrasser des parasites.

L'art d'arroser

Je vais maintenant t'expliquer tout ce que je sais à propos de l'arrosage. Car bien arroser est très important si l'on veut garder ses plantes en bonne santé. Comme les feuilles, les racines des plantes ont besoin d'air pour respirer et pour vivre. Si on arrose trop, l'air n'atteint pas les racines car il ne peut traverser la terre trop humide. Les plantes meurent d'asphyxie en très peu de temps. C'est pour cela qu'il faut arroser uniquement lorsque c'est nécessaire.

Comment savoir si la plante a besoin d'eau ?

Avant d'arroser, il faut examiner la terre. Si elle est froide et humide, elle n'a pas besoin d'eau. Si elle est sèche, il faut arroser !

Tu peux aussi frapper légèrement le pot. Si tu entends « TOC », cela veut dire que la terre est sèche et s'est écartée des bords. Il faut l'arroser sans tarder ! Mais si tu entends un son sourd comme « FLAP », la terre est encore humide.

Il faut arroser convenablement

Pas question de faire du « goutte-à-goutte » ! Les plantes n'apprécient pas, car l'eau ne descend pas jusqu'aux racines (au pire, elles remontent vers le haut pour atteindre l'eau à la surface). Non, il faut arroser copieusement afin que la terre soit entièrement humide et que l'eau s'évacue dans l'assiette ou le cache-pot (il est préférable d'utiliser des récipients profonds). D'habitude, j'arrose mes fleurs le matin, avant le petit-déjeuner. Après le repas, je fais le tour avec un petit bassin et j'enlève

l'eau que les plantes ont rejetée. Les plantes n'aiment pas avoir les pieds dans l'eau. On les comprend ! Si l'eau stagne, la terre et les racines commencent à pourrir, ou bien des petits vers font leur apparition ! Quelle horreur !

Certaines plantes ont besoin de beaucoup d'eau, d'autres de peu

Les grandes plantes abondamment pourvues de feuilles et de fleurs et vivant dans de grands pots ont besoin de beaucoup plus d'eau que les petites plantes placées dans de petits pots. Cela va de soi…

Et les plantes qui proviennent de contrées désertiques, comme les cactus, ont besoin de moins d'eau que les plantes qui poussent dans la forêt tropicale où les pluies sont abondantes.

Au secours, j'ai oublié mon impatiente

Un jour, j'ai remarqué que les feuilles de mon impatiente pendaient lamentablement. La terre dans le pot n'était plus qu'une motte de terre sèche. J'avais oublié de l'arroser.

Sans attendre, j'ai plongé ma plante dans une grande vasque de manière à ce que l'eau dépasse de deux bons centimètres le bord supérieur du pot. Je l'y ai laissée jusqu'à ce que les bulles aient disparu. Crois-moi si tu veux, mais après quelques heures, mon impatiente s'est redressée. Elle était sauvée.

Une petite recette pour l'eau de tes fleurs

Les plantes n'aiment pas l'eau qui vient directement du robinet. Elle est trop froide, elle contient trop de chlore et souvent aussi trop de calcaire. L'eau de pluie, par contre, est plus « douce ». Les plantes en raffolent. Malheureusement, en ville, l'eau de pluie est tellement polluée par les fumées et les gaz d'échappement des voitures qu'elle fait aux plantes plus de tort que de bien. Alors voici comment je procède:

Je remplis d'eau plusieurs arrosoirs et bouteilles que je laisse reposer jusqu'au lendemain. L'eau perd alors de son mordant. Le chlore s'évapore et le calcaire se dépose dans le fond du récipient. Le lendemain, l'eau est tiède et prête à être servie aux plantes. (Moi non plus, tu sais, je n'aime pas prendre une douche glacée.) Pour ne pas oublier, je remplis mes récipients immédiatement après l'arrosage.

Un arrosoir

Il est absolument indispensable. Avec un long bec de préférence, pour mieux atteindre la plante. Si tu ne possèdes pas d'arrosoir, tu peux utiliser une bouteille.

Une douche quotidienne

Procure-toi un vaporisateur afin de « doucher » les plantes chaque matin. Elles adorent ça, et l'air d'une pièce chauffée est presque toujours trop sec. Mais lorsqu'une plante est en fleurs il ne faut pas la doucher. Les pétales se tachent alors ou se fanent.

Un vaporisateur

Cet instrument coûte assez cher. Mais comme on peut également l'utiliser pour humecter le linge, tu éviteras peut-être de le payer avec ton argent de poche...

Quand je pars en voyage

Je connais plusieurs trucs pour arroser les plantes quand je pars en voyage.
En voici quelques-uns :

Arroser avec une ficelle

Chez le fleuriste, tu peux acheter pour pas cher une ficelle entourée d'un petit tuyau de plastique. Laisse pendre un bout de la ficelle dans un grand récipient d'eau (elle doit toucher le fond). Enfonce l'autre bout dans la terre du pot. La plante peut ainsi aspirer constamment l'eau dont elle a besoin. (On m'a dit qu'un bout de laine ou un ruban de coton font l'affaire. Mais avec du fil synthétique ça ne fonctionne pas.) Pour savoir exactement combien de temps tu peux t'absenter sans qu'un voisin ne doive venir arroser tes plantes, il faut tenter l'opération avant de partir.

Une autre possibilité

Coupe une bande de tissu et enfonce-la dans le trou du pot. Place le pot sur un bocal contenant de l'eau et laisse pendre le bout de tissu dans l'eau.

Une troisième manière

Dispose les pots sur plusieurs couches de journaux humides dans le fond de la baignoire. Ce système fonctionne bien pour une courte période. Si les plantes doivent séjourner plus longtemps dans la salle de bains, il faut que la pièce dispose d'une fenêtre. Sinon les plantes ne recevront pas assez de lumière pour fabriquer leur nourriture. Attention ! Ce procédé ne convient pas pour les plantes qui ont besoin de beaucoup d'eau. Mais avec les figuiers, les cactus et les palmiers, tu obtiendras de bons résultats.

Le cycle de l'eau

— J'arrose régulièrement les plantes, Florent, mais que font-elles de toute cette eau? Est-ce qu'elles font pipi, ou bien l'eau disparaît-elle tout simplement?
— Elle ne disparaît pas, dit Florent. Je vais t'expliquer le cycle naturel de l'eau. Lorsque l'eau se réchauffe, elle *s'évapore* et devient de la vapeur d'eau.
— L'eau s'évapore de partout: des mers, des lacs, de la terre et de ton pot de fleurs. Même de tes plantes. L'eau qu'elles ont absorbée ressort

par les feuilles lorsqu'elle n'est plus nécessaire.
Et quand tu respires, ta respiration contient aussi de la vapeur d'eau (souffle donc sur une vitre... la buée se compose de minuscules gouttes d'eau).

Le soleil stimule le cycle

— Le soleil réchauffe la surface de la terre. L'air chaud, qui est le plus près du sol, monte. Lorsqu'il a atteint une certaine hauteur, la vapeur d'eau qui est présente dans l'air se transforme en nuages.
Lorsque les nuages sont encore plus hauts, ils se refroidissent et se transforment en pluie: ainsi l'eau retourne à la terre. Là où il pleut, les racines et les tiges des plantes absorbent l'eau.
Voici comment l'eau arrive dans les feuilles. Les feuilles, à leur tour, «expirent» l'eau qui s'évapore. Le soleil chauffe l'air et la vapeur d'eau. Et tout monte vers le ciel...

Un cycle en circuit fermé

— Voilà le *grand* cycle de la nature, me dit Florent. Mais tu peux toi aussi le créer dans un pot.
— Vrai? dis-je. Alors faisons-le immédiatement.

Le cycle de l'eau dans

Pour le créer, j'ai eu besoin d'un grand bocal en verre (au moins trois litres de contenance) parfaitement propre et sec. Sur le fond du bocal, j'ai placé du charbon de bois (contre les moisissures) et du terreau (il doit être stérilisé). Le charbon et la terre doivent occuper

un quart du bocal. J'ai fait un trou au milieu et j'y ai planté une « ficoïde glaciale » que j'ai reçue de Florent. Il faut prendre des

plantes qui poussent lentement sinon elles sortent trop vite du bocal. Pour décorer, j'ai mis deux lapins de porcelaine et un ange en plastique. (Pas question de mettre un cochon en plasticine, à cause de la moisissure. Seuls le verre, la porcelaine et le plastique conviennent.)

Pas d'eau du robinet

J'ai arrosé délicatement avec de l'eau distillée (tu pourras t'en procurer chez le droguiste). L'eau du robinet n'est pas assez pure.

Pour terminer, j'ai tendu une feuille de plastique transparent au-dessus du bocal et je l'ai fixée avec un élastique.
Après quoi, plus question d'ouvrir, ni d'arroser.
Le bocal doit être exposé à la lumière, mais une exposition directe aux rayons du soleil peut être dangereuse. La température dans le bocal serait alors élevée, comme dans une serre.

Maintenant, le cycle commence

La plante aspire l'eau de la terre. Les feuilles « expirent » l'eau. Celle-ci s'évapore. L'air s'humidifie et donne son eau à la terre. La plante peut alors aspirer l'eau qui s'est retrouvée dans la terre. Bien sûr, il n'y a ni pluie, ni nuages dans mon bocal, mais parfois un peu d'eau coule sur les parois du bocal, presque comme de la pluie.

un bocal

De quoi vivent

Mes plantes vivent-elles uniquement de l'eau que je leur donne? Ou bien mangent-elles de la terre? Il faut que je demande à Florent.
— Non, les plantes ne mangent pas la terre, mais les éléments nutritifs qu'elle contient. L'azote, le phosphore, le potassium, le fer et la chaux sont quelques-uns de ces éléments dont les plantes ont besoin.
Lorsque les racines aspirent l'eau que tu leur as donnée, elles absorbent en même temps ces éléments.

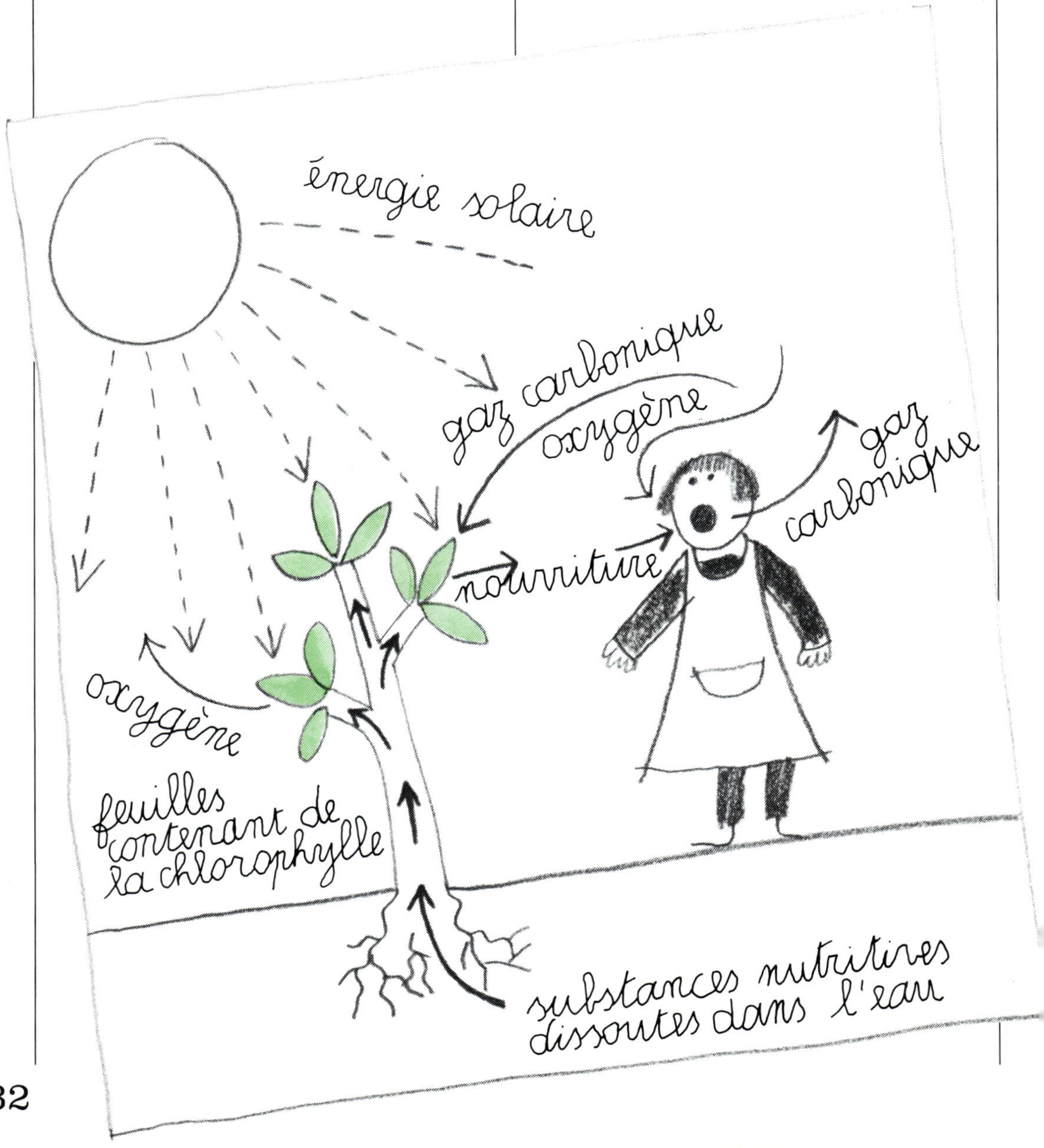

les plantes ?

« Manger de l'air »

— Mais les plantes tirent de l'air une partie de leur nourriture, poursuit Florent. C'est assez difficile à expliquer. Je vais te faire un dessin : voilà une plante avec des racines, une tige et des fleurs. Les feuilles, je les peins en vert. La couleur verte est formée par de minuscules grains que l'on appelle *chlorophylle*. Dans les feuilles, la chlorophylle prépare la nourriture des plantes. Cela se passe de la manière suivante : les feuilles absorbent un élément présent dans l'air qu'on appelle gaz carbonique et que la chlorophylle transforme en élément nutritif. Lorsqu'il se mélange avec l'eau des racines, du *sucre* se forme : c'est la nourriture de la plante.
Il reste un peu de déchets à la fin de l'opération : c'est l'oxygène (associé au gaz carbonique que la plante a absorbé) que les feuilles vont restituer à l'air.
Le sucre que la plante a produit se transforme alors en d'autres substances, qui seront retravaillées par la plante et donneront les feuilles, les rameaux, les fleurs et les graines.

Le soleil : l'élément le plus important

— Mais rien ne serait possible sans le soleil, dit Florent. Il inonde de ses rayons les feuilles et la chlorophylle. La chlorophylle est alimentée par l'énergie solaire. Sans lumière, elle ne peut travailler.

Sans les plantes, il n'y aurait ni animaux, ni êtres humains

— N'y a-t-il pas en moi des éléments qui peuvent transformer l'air, l'eau et les rayons du soleil en nourriture ?
— Non, répond Florent. Les animaux et les êtres humains en sont incapables. Seules les plantes possèdent cette fantastique propriété. Mais pour vivre nous avons besoin du sucre et des autres éléments que les plantes « fabriquent ». C'est pourquoi nous devons les manger, ou manger des animaux qui mangent des plantes.
Grâce à la nourriture, notre corps se développe. Bien sûr, nous produisons aussi des déchets. Et, en plus, nous expirons du gaz carbonique...
— ... dont les plantes ont besoin à leur tour, dis-je. Vraiment, tout se tient !

la page suivante t'en dira plus sur l'alimentation des plantes. →→

L'engrais

Lorsque j'achète un sac de terreau, celui-ci contient souvent tous les éléments nutritifs dont les plantes ont besoin.
Mais lorsque les plantes ont séjourné pendant un certain temps dans leur pot et qu'elles ont aspiré par leurs racines la nourriture que la terre contenait, elles ont épuisé les éléments les plus importants. Je dois alors leur procurer une nouvelle nourriture: de l'engrais. On peut acheter de bons mélanges d'engrais liquide. J'en verse un peu dans l'eau dont je me sers pour arroser mes plantes.
Il est *important* de respecter scrupuleusement les instructions qui figurent sur la bouteille. Les plantes ne supportent pas un apport excessif d'engrais. Elles risquent de se faner et de mourir.
Pas question non plus de donner de l'engrais tant que la plante est en fleurs ou durant sa période de repos (habituellement en hiver).

Dans la cuisine...

J'ai trouvé plein de choses à planter. L'ail, par exemple.

Il n'a fallu que quelques semaines pour que sortent de terre de longues feuilles minces. Lorsqu'elles ont eu 10 cm de haut, je les ai coupées et j'en ai garni ma tartine. C'est délicieux et ce n'est pas aussi fort que les gousses d'ail.

Je coupe la partie supérieure d'une betterave rouge et d'une carotte et je les plante chacune dans un pot. Il ne faut pas les enfoncer complètement en terre: au contraire, une petite partie doit rester à l'extérieur. Très vite, de petites feuilles font leur apparition. Et, dans la terre, les racines elles aussi commencent à pousser. Il y a deux semaines que je les ai plantées. Je suis déjà l'heureuse propriétaire d'une touffe de betterave et d'un buisson de carottes. Si j'en ai envie, je peux semer un peu d'herbe autour des tiges et la faire brouter par quelques agneaux (ceux de la crèche de Noël).

Comment jouer aux "prunes"

Aujourd'hui, je n'ai vraiment pas envie de planter. C'est normal, on n'a pas envie tous les jours.
Non, aujourd'hui, je vais chez Florent pour lui apprendre à jouer aux « prunes ».
C'est un très vieux jeu indien.
Si tu fais attention, tu vas comprendre tout de suite.

Fais comme moi

● Pour jouer, il faut 8 noyaux de prunes et 40 fèves de haricots.

● J'ai peint huit noyaux de prune d'un seul côté avec de la peinture verte (mais si tu préfères la couleur rose, libre à toi).

● Avec Florent, j'ai recouvert la table d'un tapis de jeux et au milieu, j'ai fait un tas avec 40 fèves brunes. Ce sont les jetons.

● Maintenant, le jeu commence. On jette en une seule fois les 8 noyaux de prunes sur la table. On compte ceux qui sont retombés côté vert tourné vers le haut. Et, proportionnellement, on reçoit des fèves comme jetons.

Le tarif est le suivant :

8 côtés verts	= 20 fèves
7 côtés verts	= 4 fèves
6 côtés verts	= 2 fèves
2 côtés verts	= 2 fèves
1 côté vert	= 4 fèves
aucun côté vert	= 10 fèves

● Si l'on ne gagne aucune fève, on a le droit de jeter à nouveau les noyaux.

● Lorsque le tas central est épuisé, chaque joueur se paie en puisant dans le tas de l'autre.

● Le gagnant est celui qui parvient le premier à réunir toutes les fèves.

Je conserve mon jeu de prunes dans un petit sac de cuir que j'ai cousu moi-même, comme les Indiens. J'y ai mis aussi la fiche expliquant les règles... Au cas où j'oublierais !

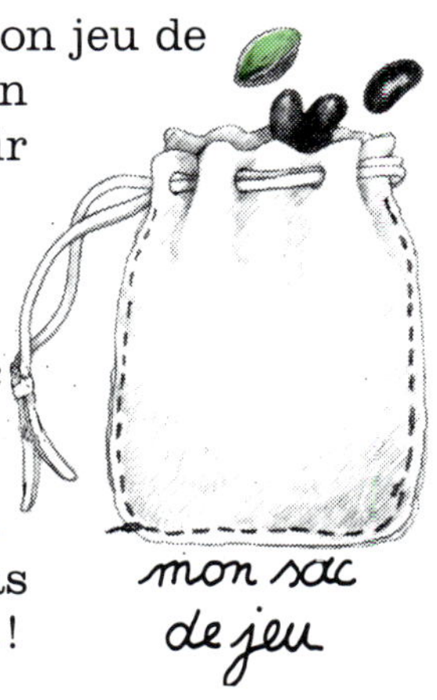

L'amaryllis, 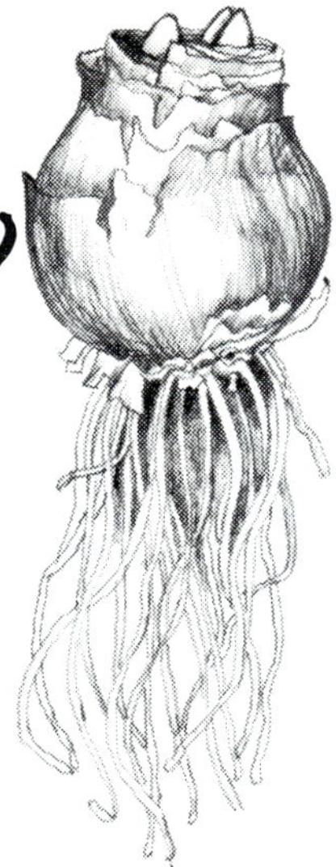 un vilain

A Noël, j'ai reçu un bulbe d'amaryllis, brun et tout ratatiné: il n'était pas très joli. Mais, je l'ai planté quand même.
Avec l'amaryllis, il y avait des instructions qui disaient: « Placer le côté inférieur du bulbe pendant 12 heures dans un bol rempli d'eau. »
Ce que j'ai fait.
Ensuite, je l'ai planté dans un pot en laissant un tiers du bulbe sortir de la terre humide.

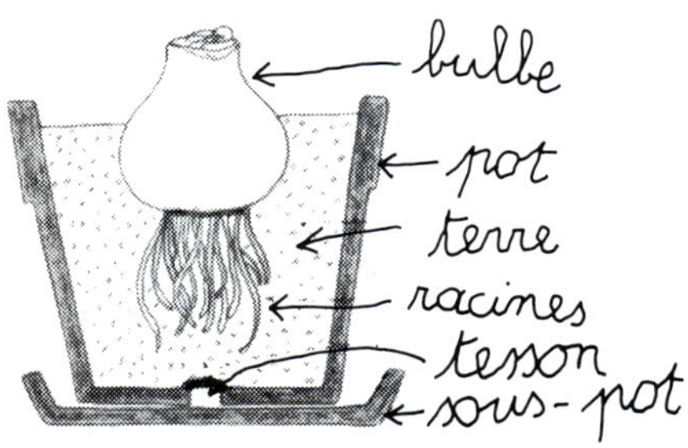

Pendant huit jours, je ne l'ai pas arrosé car les racines n'aiment pas cela.
Ce n'est qu'au neuvième jour que j'ai commencé à l'arroser. Mais pas dans le pot. Il faut verser l'eau tiède dans le sous-pot. Si, après un quart d'heure, il reste encore de l'eau, il faut l'enlever. Ensuite, on n'arrose plus qu'un jour sur deux.
Enfin, une petite pousse verte a jailli du bulbe. Elle a poussé très vite. Et d'autres pousses l'ont suivie et ont donné des feuilles et des tiges.

Puis le haut d'une tige a « enflé ». C'était le début d'un bouton. Un beau matin, celui-ci s'est ouvert. Une belle grande fleur, d'un rouge éclatant, a mis le nez dehors.
Mais une nuit, le pot est tombé.
Catastrophe! La fleur était devenue trop grande et, son poids aidant, elle avait entraîné la chute du pot. La grosse tige s'était cassée. C'était triste. J'ai un peu pleuré. Mais ensuite j'ai placé la fleur cassée dans un verre et j'ai redressé le pot. C'est alors que j'ai remarqué qu'il y avait encore une tige avec un bouton. J'étais très contente.
J'ai attaché une corde autour de la tige et je l'ai fixée au mur pour éviter que la plante ne tombe à nouveau. La prochaine fois, je planterai mon amaryllis dans un pot plus grand.
Il existe aussi des amaryllis roses ou blanches.

après un peu plus de cinq semaines, l'amaryllis fleurit.

bulbe pour une jolie fleur

L'amaryllis n'est pas bon marché

A moins qu'il ne s'agisse d'un cadeau, il vaut mieux s'arranger avec des copains et en acheter une pour toute la classe.

C'est quoi, un bulbe?

Une amaryllis peut refleurir !

Si tu as de la chance et de la patience, l'amaryllis peut refleurir l'année suivante. Il suffit de procéder de la façon suivante. Coupe la fleur dès qu'elle s'est fanée. (Il faut laisser les feuilles.)

Ajoute de l'engrais à l'eau d'arrosage : les bulbes ont besoin de substances nutritives nouvelles, et la gigantesque floraison a épuisé les anciennes substances. Les feuilles vont aider à la préparation de la nourriture (voir aussi page 33).

L'amaryllis doit être placée en pleine lumière durant cette période.

L'amaryllis doit se reposer

En septembre, supprime l'engrais et arrose-la de moins en moins. Les feuilles vont se faner. Le pot doit rester au frais (10-12 °C). Sans recevoir d'eau. En décembre, ramène le pot dans la pièce. Retire le bulbe, jette la vieille terre et plante l'amaryllis dans un pot plus grand contenant de la terre fraîche. Pour la suite, tu sais comment faire.

Une nouvelle floraison?

Ce n'est pas une nouvelle amaryllis qui fleurit l'année suivante. C'est la même plante, le même « individu », comme dit Florent. C'est la même « dame-fleur » qui fleurit et se fane d'une année à l'autre.

En fait, le bulbe est un jet, « emmailloté » dans d'épaisses feuilles qui contiennent les éléments nutritifs. Il arrive qu'un bulbe se divise. Sur le côté, de petits bulbes apparaissent. C'est une forme de reproduction que l'on appelle « reproduction *asexuée* ». Mais si un nouvel individu doit se former, cela s'effectue par le biais d'une reproduction *sexuée*, c'est-à-dire après *fécondation*.

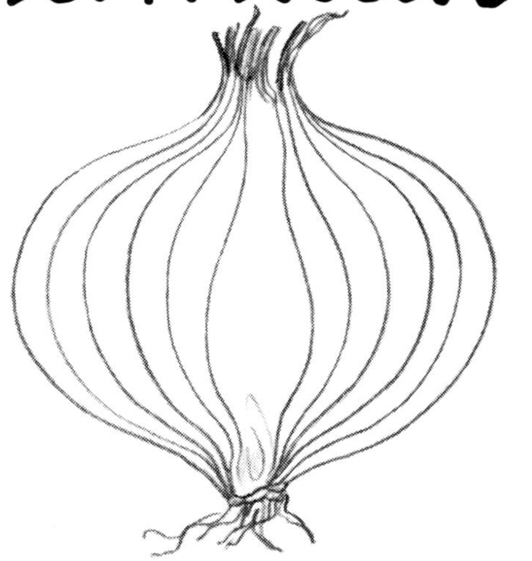

Maman – Papa

Pour qu'il y ait fécondation, il faut que la plante possède une *partie-maman* et une *partie-papa*, donc un organe féminin et un organe masculin.

Ils existent chez l'amaryllis comme chez la plupart des autres fleurs.

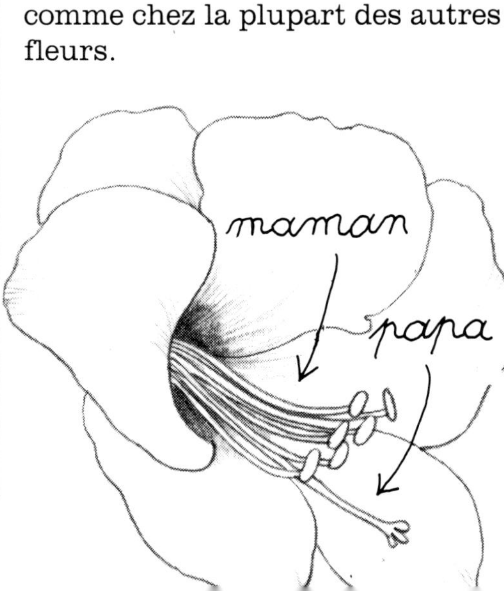

D'où viennent les graines ?

L'organe féminin s'appelle le pistil et l'organe masculin l'étamine. Il y a toujours *un* pistil et *plusieurs* étamines.
Au-dessus de l'étamine, se trouve le pollen. Lorsque le pollen se fixe sur le stigmate gluant du pistil, il est entraîné dans un conduit étroit.

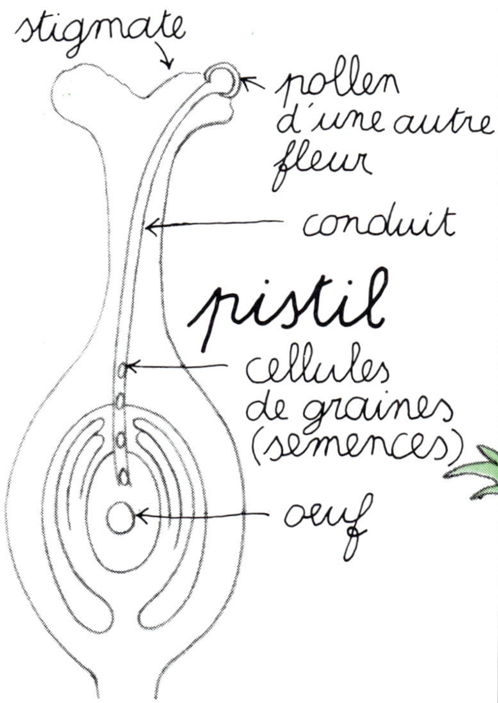

En suivant ce conduit, les cellules de semences (cellules mâles) progressent en direction de l'œuf. Une d'entre elles fusionne avec l'œuf et c'est alors que l'œuf est *fécondé*. A partir de l'œuf fécondé se forme une graine. Si on la plante, elle peut germer. Et la plante qui fait ensuite son apparition est un nouvel individu.

Oh, j'ai oublié quelque chose !

Souvent, le pollen de la fleur ne suffit pas : le pistil a besoin du pollen d'une autre fleur de la même espèce pour que la fécondation ait lieu.

Les bourdons et les abeilles

Comment le pollen d'une fleur parvient-il à atteindre une autre fleur ? Il peut être tout simplement porté par le vent. Mais, ce sont aussi les insectes (bourdons et abeilles, par exemple) qui transportent le pollen d'une fleur à l'autre.

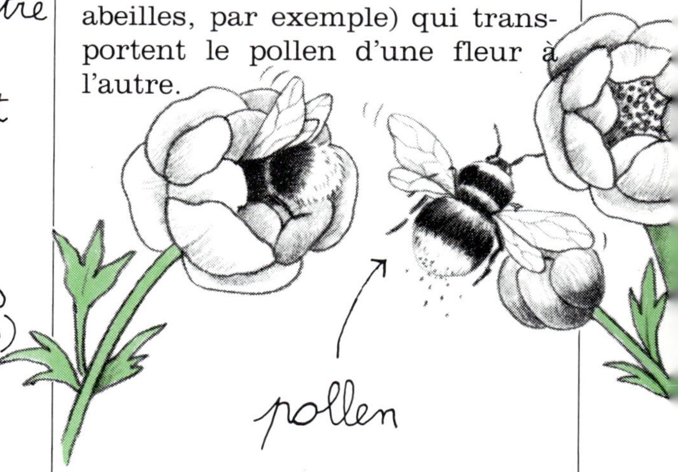

La fleur attire le bourdon en produisant un jus sucré, un suc mielleux appelé le *nectar.*
Le bourdon se pose sur la fleur et butine ce nectar. En même temps, un peu de pollen se fixe sur la « fourrure » du bourdon. Il s'envole alors vers une autre fleur où il perd un peu de pollen. Bien sûr, le bourdon ne se rend compte de rien. Le plus important pour lui, c'est le nectar.

pour remplacer les bourdons voir page 57

J'ai un jardin

Dans un magasin, j'ai trouvé une caisse en bois. Elle vient de Chine. Auparavant, elle contenait du savon. Moi, je l'ai transformée en mini-jardin.
Il a d'abord fallu la rendre étanche pour que l'eau ne se répande pas sur le rebord de la fenêtre pendant l'arrosage.

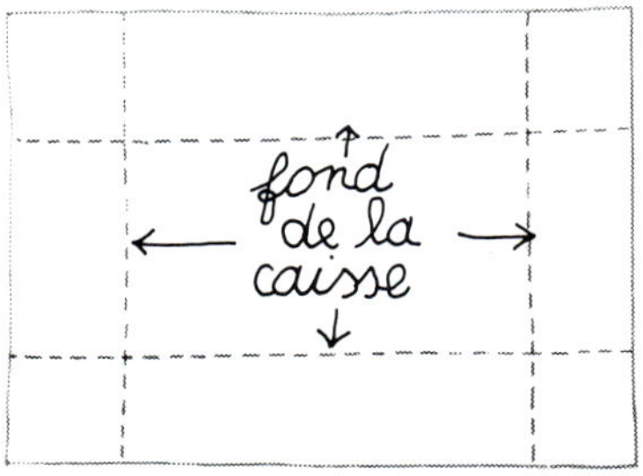

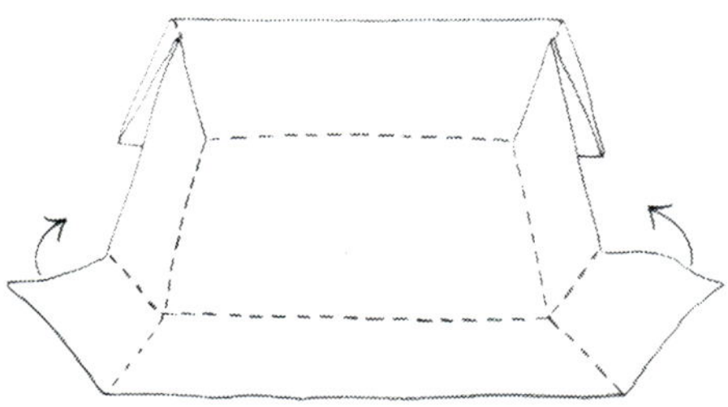

Chez le marchand de graines, j'ai acheté du plastique noir super épais.
J'ai posé le plastique dans la caisse

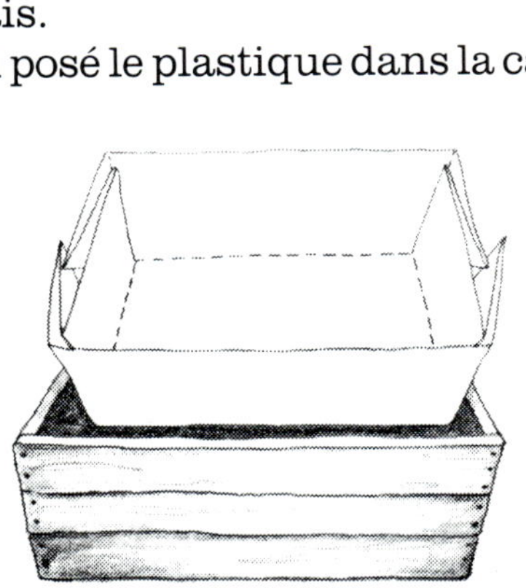

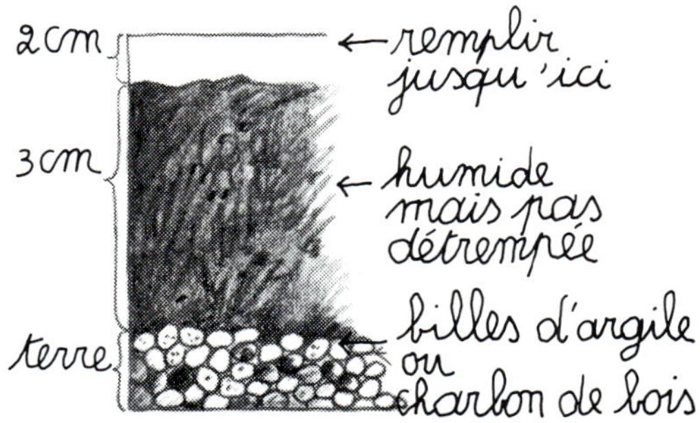

(en évitant de le déchirer) et je l'ai fixé aux parois supérieures avec des punaises.
Les billes d'argile absorbent l'eau dont les plantes n'ont pas besoin. Comme il n'y a pas de trou dans le fond de la caisse, l'eau ne peut pas s'évacuer et le mini-jardin risque de pourrir. Le charbon de bois et les billes d'argile permettent d'éviter l'apparition de moisissures qui attaquent la terre et les racines. Le terreau contenant du sable est ce qui convient le mieux à ce type de jardin. Il m'a fallu 15 kg de terreau

on peut planter correctement à l'aide d'une simple cuillère à soupe.

miniature

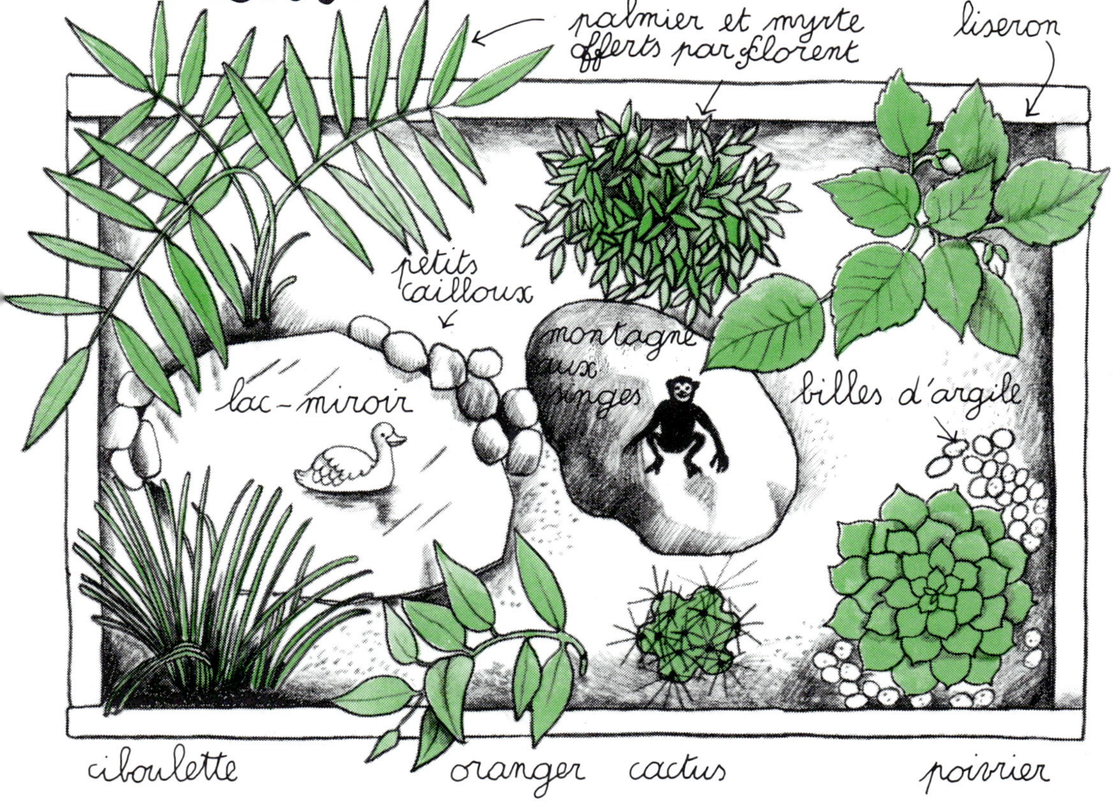

pour remplir la caisse (j'ai trouvé le plastique, les billes d'argile, le charbon de bois et le terreau chez le marchand de graines).

Il y a plantes et plantes

Pour changer plus souvent et varier l'aspect de mon petit jardin, j'y ai mis quelques plantes avec leurs pots. Mais ce n'est pas obligatoire. Il est préférable de réunir des plantes qui demandent à peu près la même quantité d'eau. Et pas des petites plantes.
Je dois arroser souvent la ciboulette et la couper régulièrement. Sinon elle jaunit. Le cactus et le poivrier réclament moins d'eau car ce sont deux plantes du désert.

En quelques mois le liseron est devenu si grand que j'ai dû le sortir de la caisse car il privait les autres plantes de lumière.

Un bien

Presque toutes les plantes en pot sont visitées par des parasites. Même celles de Florent.
Il prétend que cela vient du fait que les plantes sont mécontentes de quelque chose. Cela peut venir de l'eau, de la température, de la lumière ou bien des courants d'air.

Au secours ! Des parasites !

Un jour, j'ai découvert de petits animaux sur les nouvelles feuilles et sur les boutons de l'impatiente. J'ai pris ma loupe pour y voir plus clair. Quelle horreur !
Sans tarder, j'ai téléphoné à Florent.

— A l'aide ! que dois-je faire ? Des petits animaux rampent sur ma plante.
— Sont-ils vert clair et longs d'un millimètre ? m'a demandé Florent.
— Oui, c'est bien cela, ai-je répondu.
— Alors ce sont des pucerons, de vulgaires pucerons. J'arrive.
Florent a apporté du savon et une petite pince.
— Je peux voir ?, me dit-il. S'ils ne sont pas trop nombreux, nous pourrons les enlever avec la petite pince.
— Mais je ne peux pas faire cela, me suis-je exclamée.
— Alors nous allons plutôt utiliser de l'eau et du savon. Il faut

utiliser un savon non alcalin, comme le savon de Marseille, dans les proportions suivantes : 100 g pour 10 litres d'eau tiède. »
Et nous avons plongé entièrement l'impatiente dans l'eau savonneuse.
L'opération terminée, les pucerons avaient disparu.
Afin de bien nous assurer qu'ils étaient tous partis, nous avons douché tous les pots qui se trouvaient près de l'impatiente.
Nous avons réalisé cette opération avec de l'eau tiède dans la salle de

triste chapitre...

bains. A l'emplacement de l'impatiente, le rebord de la fenêtre collait.
— Ce sont les sécrétions des pucerons, m'a dit Florent.

Nous avons placé la plante dans un sac en plastique. Florent a allumé une cigarette et a soufflé la fumée dans le sac que nous avons refermé. Nous l'avons gardée « prisonnière » plusieurs heures. Pauvre impatiente, cela ne lui a pas plu ! Mais fini les pucerons ! Florent m'a parlé des autres espèces de parasites.

Tourne la page.

Je t'offre un lexique

les mouches blanches

Elles ont 1,5 mm de long et des ailes blanches. Leur corps est couvert de cire blanche. Les mouches et leurs larves séjournent en dessous des feuilles et sucent la sève de la plante.
L'eau savonneuse est inefficace contre les mouches blanches car elles s'envolent.

les cantharides

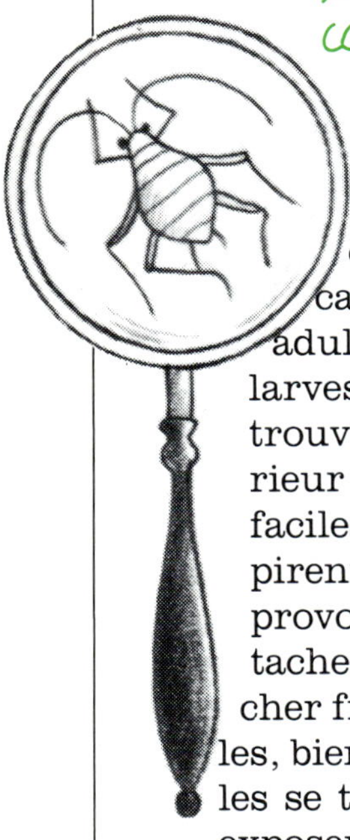

Ce sont des insectes d'1 mm de longueur. Ils sont difficiles à reconnaître car, arrivés à l'âge adulte, ils s'envolent. Les larves et les chrysalides se trouvent sur le côté inférieur des feuilles. Elles sont faciles à détacher. Elles aspirent la sève des feuilles et provoquent l'apparition de taches jaunes. Il faut doucher fréquemment les feuilles, bien aérer l'endroit où elles se trouvent et ne pas les exposer à une chaleur trop forte.

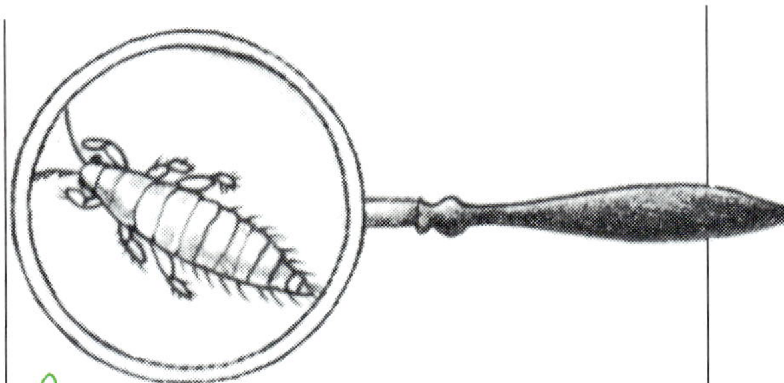

les pucerons

Les pucerons sont vert clair. Ils se fixent de préférence sur le sommet des jeunes pousses, sur les boutons de fleurs et sur les petites feuilles nouvelles. Il faut les combattre avec de l'eau savonneuse. Page 58, je t'indique un autre moyen.

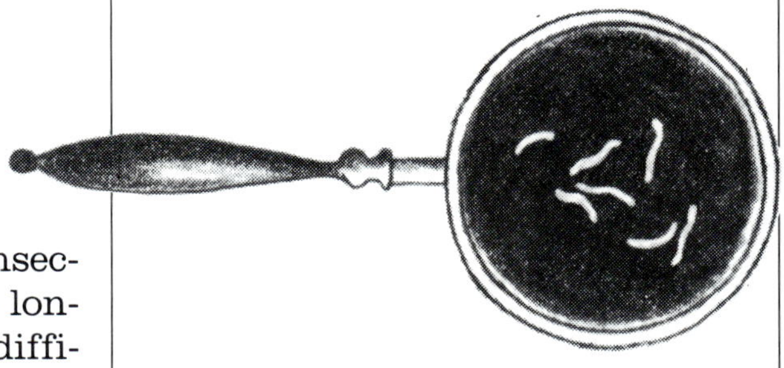

les vers blancs

Ces parasites vivent surtout sur les racines qui pourrissent lorsqu'il y a trop d'eau dans le pot. Les larves disparaîtront si on laisse la plante sécher avant de l'arroser à nouveau (mais avec prudence). Si tu veux qu'elles partent encore plus vite, enfonce un mégot de cigarette dans la terre et arrose. La nicotine est un poison qui, transporté par l'eau, tue tous les vers.

des parasites

les cochenilles

Elles s'attaquent à des plantes faibles, ou qui ont reçu trop d'engrais, et sont plus difficiles à combattre que les pucerons. Lorsque les cochenilles atteignent l'âge adulte, elles se cachent sous une petite cuirasse dure de forme ovale. Elles enfoncent leur trompe dans la feuille et sucent la sève. La plante commence alors à jaunir. Sous la cuirasse se forment des jeunes de cochenilles. Si ces parasites sont nombreux, ils peuvent vider entièrement une plante de sa substance.

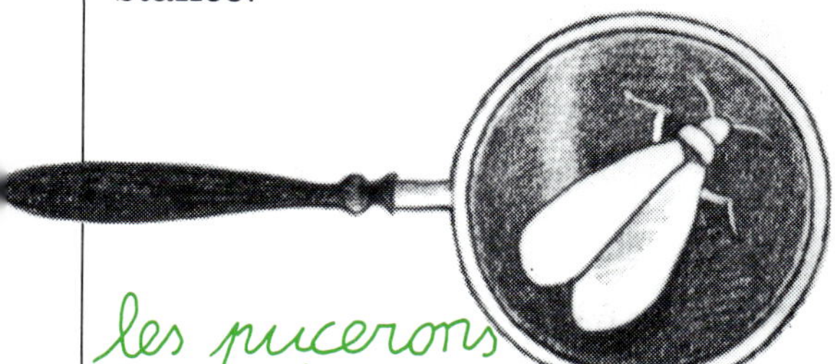

les pucerons du coton

Il est difficile de s'en défaire. Ils sont rougeâtres et couverts d'une espèce de cire. On dirait de la farine. Les femelles laissent derrière elles des coussinets blancs dans lesquels elles pondent leurs œufs. Il faut détacher ces coussinets et nettoyer la plante à l'aide d'un mélange d'eau (50 %) et d'alcool (50 %).

les araignées rouges

Ce parasite est rouge orange et de très petite taille (à peine 0,5 mm). Il élit domicile en dessous des feuilles, où il aspire sa nourriture. La plante prend une teinte jaunâtre, les feuilles se fanent et tombent. Les araignées rouges tapissent la plante d'un réseau de fils.

Les insecticides
Chez le fleuriste ou le pépiniériste, tu peux te procurer des insecticides qui te permettront d'éliminer les parasites de tes plantes. Toutefois, avant d'asperger, essaie d'abord les trucs que nous venons de te donner: eau savonneuse, douche, alcool. Ou bien essaie de détacher les parasites à l'aide d'une petite pince ou d'une petite baguette.

Si rien ne marche,
demande au marchand quel insecticide tu dois utiliser. Respecte les instructions. Et, surtout, sois attentif à l'apparition des parasites. Plus tôt tu leur feras la guerre, plus vite tu t'en débarrasseras avant qu'ils ne soient trop nombreux.

J'installe mes

Je vais te montrer une gravure que j'ai trouvée dans un vieux livre.

«La chambre aux fougères», Belgique, vers 1850.

J'aimerais que ma maison puisse ressembler à cela... Malheureusement, j'habite dans une chambre tout à fait normale. Elle n'est pas grande et possède une fenêtre tout à fait normale elle aussi.
Au début, j'ai placé mes pots sur le rebord de la fenêtre, tout simplement. Mais très vite la place a manqué et j'ai dû trouver de nouveaux endroits. Voici quelques conseils.

Les caisses en bois conviennent parfaitement

Je les place devant la fenêtre, avec

des fleurs dessus. Il faut qu'elles soient suffisamment hautes pour que les plantes reçoivent assez de lumière. A l'intérieur des caisses, je range les instruments qui me

servent à prendre soin de mes fleurs.
J'ai mis mes géraniums dans une corbeille. Ainsi, je puis les déplacer aisément lorsque j'ouvre la fenêtre.

fleurs

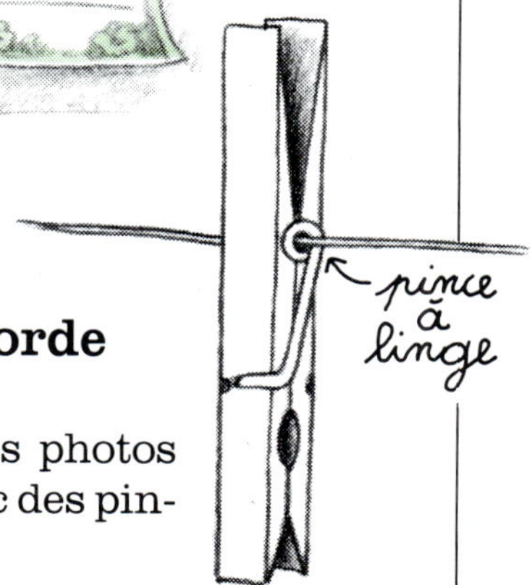

Une table près de la fenêtre
J'ai superposé plusieurs caisses. Les plantes les plus éloignées de la fenêtre ont été installées plus haut pour recevoir plus de lumière.

Mes sachets de graines
Je les ai rassemblés dans une petite boîte à thé.

Un Palmier dans un bocal
Pourquoi? Tout simplement parce qu'il semblait heureux dans son nouveau domicile.

Sur une corde à linge
j'accroche des photos de fleurs avec des pinces à linge.

Attention au froid!

En hiver, il faut faire très attention aux fleurs que tu as placées sur le rebord de la fenêtre.
Veille à ce que les fenêtres ferment bien. Les fleurs ne supportent pas les courants d'air.
Si tu ouvres la fenêtre en hiver, n'oublie pas d'enlever les fleurs. Elles risqueraient de s'enrhumer.

Que faire lorsque les

Nous les enfants, quand nous grandissons, nos vêtements deviennent trop petits. Les plantes, c'est pareil. Quand les racines sortent de leurs pots, il faut les transférer dans des pots plus grands. C'est à la fin du mois de février qu'il est conseillé de rempoter la plupart des fleurs. A ce moment, le repos hivernal est terminé. Les fleurs ont recommencé à pousser et les racines s'intégreront plus facilement dans un nouveau pot.

Est-ce le moment? Comment savoir?

Il faut arroser la plante, poser le plat de la main sur la terre et tenir la tige. Si la terre ne se détache pas quand tu retournes le pot, tu peux cogner prudemment celui-ci contre le bord de la table. Examine maintenant la motte de terre.

1. Trop tôt pour rempoter. Il n'y a presque pas de racines.

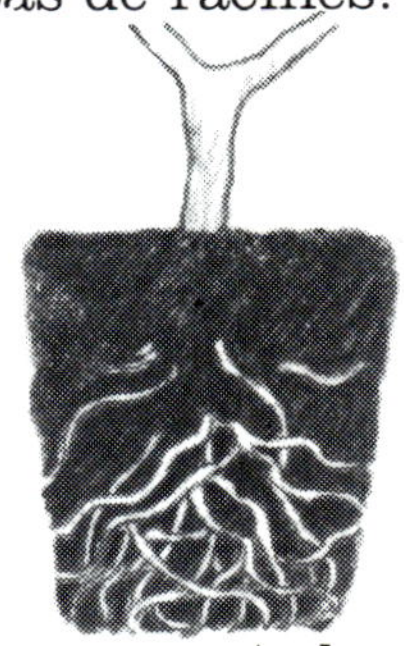

2. C'est le moment de rempoter. Beaucoup de racines sont visibles. La motte de terre reste solide.

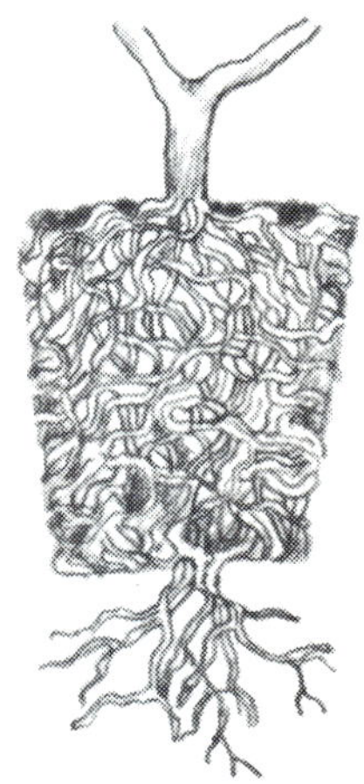

3. Pauvre fleur! Elle n'a presque plus de terre.
(Rempote-la vite. Tu auras peut-être de la chance.)

fleurs grandissent ?

Voici comment rempoter :

Pose un tesson sur le fond du nouveau pot plus grand et enlève l'ancienne terre *sans* abîmer les racines. Tiens la plante de telle façon qu'elle repose au milieu du nouveau pot (à la même hauteur que dans l'ancien). Emplis le pot de terre fraîche et tasse bien, sans toutefois exagérer. La terre doit arriver à 2 cm du bord supérieur du pot. Arrose la plante avec un peu d'eau.

Recouvre-la durant les premiers jours

Un sac en plastique transparent percé de trous d'aération aidera la plante à redémarrer.

Si tu ne lui mets pas ce joli chapeau, n'oublie pas d'asperger d'eau les feuilles à l'aide d'un vaporisateur. La plante ne doit pas se dessécher. Mais durant les premiers jours, n'arrose pas trop car les racines ont besoin d'air.

Quel pot dois-je choisir ?

J'ai le choix entre des pots en terre cuite et des pots en matière synthétique. Florent ne sait pas très bien lesquels sont les meilleurs. Mais il faut savoir que les *pots en terre cuite* sont excellents car ils laissent passer l'air qui atteint les racines. La terre sèche toutefois un peu plus vite. Les pots *en matière synthétique* sont incassables et peu coûteux, mais ils sont imperméables à l'air. La terre ne sèche pas aussi vite : il faut donc arroser moins souvent.

Presque tous mes pots sont en terre cuite parce que je les trouve plus jolis. Si tu choisis également des pots en terre cuite, n'oublie pas que :

1. les nouveaux pots doivent rester au moins 24 heures dans l'eau avant leur utilisation. Sans quoi ils absorbent l'eau de la plante ;
2. il ne faut jamais les peindre, car ils ne laisseraient plus passer l'air.

Un tesson de pot sur le fond

Dépose des cailloux ou des tessons de terre cuite sur le trou du fond. Ils empêchent la terre et les racines de sortir tout en permettant l'évacuation de l'eau.

Le cresson – facile

J'ai semé des graines de cresson sur un lit d'ouate posé dans un couvercle en plastique. J'ai complètement mouillé l'ouate, puis j'ai placé ma culture de cresson sur le rebord de la fenêtre en veillant à ce

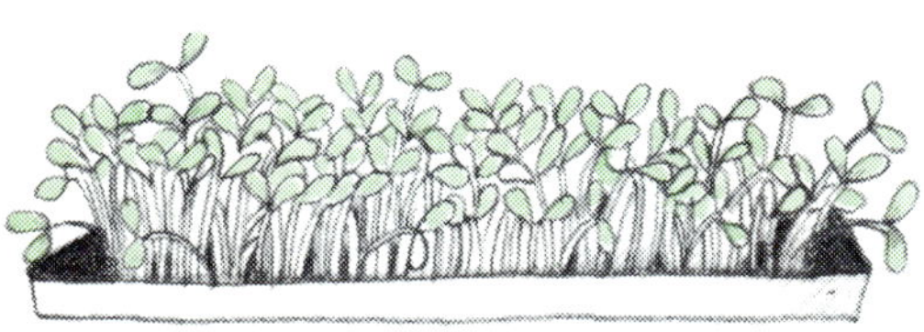

que l'ouate reste toujours bien humide.
Peu de temps après, j'ai pu procéder à la récolte. J'ai coupé prudemment les parties vertes.
Maintenant, je vais te dire tout ce que tu peux faire avec du cresson.

Œuf au cresson

Fais cuire un œuf pendant dix minutes afin qu'il soit bien dur.
Passe-le à l'eau tiède, épluche-le et coupe-le dans le sens de la longueur.
Enlève le jaune, mets-le dans un bol et mélange-le avec un peu de mayonnaise ou de crème, du sel et du poivre et beaucoup de cresson.
Garnis ensuite de cette farce l'intérieur de l'œuf. C'est très bon.

et délicieux !

Fromage au cresson

Verse du lait caillé dans un filtre à café posé sur une tasse. Attends 24 heures ; tu verras que le petit lait plus liquide coule dans la tasse. Dans le filtre, le lait caillé est plus épais et plus ferme. Il est devenu du fromage.

Épice-le avec du sel et du poivre, et agrémente-le d'une bonne quantité de cresson. Tu peux également utiliser des fines herbes ou du basilic.

Joyeux

Pour l'anniversaire de Florent, j'ai préparé un plein bocal de fromage au cresson. J'ai ajouté une gousse d'ail fraîchement pilée (c'est meilleur que l'ail en poudre). Et, pour décorer mon bocal, j'ai recouvert le couvercle d'un morceau de tissu.

J'ai colorié de vert la moitié de la rose.

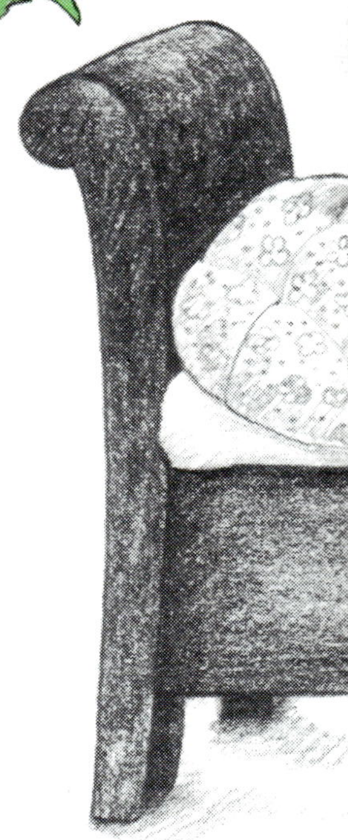

anniversaire, Florent

J'ai aussi offert à Florent une rose, mi-blanche, mi-verte ! Ce n'est pas une blague. J'ai coupé la tige en deux, puis j'ai mis une moitié dans de l'eau additionnée d'un colorant vert et l'autre dans de l'eau claire. En quelques heures, une moitié de la rose est devenue verte. Rien d'étonnant : la rose aspire l'eau par de petits conduits très fins qui se trouvent dans la tige. Les conduits de la première moitié de la tige ont apporté l'eau à la moitié des feuilles et de la fleur ; l'autre moitié a nourri le reste.
(Bien sûr, tu obtiendras les mêmes résultats avec d'autres fleurs et d'autres couleurs.)

« Joyeux anniversaire, Florent. »

Le journal

Comment « tromper » les graines et les noyaux

Certaines graines ne germent pas si elles ne se reposent pas durant l'hiver.
C'est le cas par exemple de la cerise, de la prune, de la pomme, de la poire et de la noisette.
Mais peut-on « tromper » les graines et leur faire croire que l'hiver est déjà terminé? C'est simple!
Enfonce les graines et les noyaux dans du sable et laisse-les séjourner trois mois dans le réfrigérateur (pas dans le compartiment de congélation!). Passé ce délai, tu pourras les planter.

Le forçage des noyaux de datte

Il faut attendre très longtemps avant que les noyaux de datte germent. Je connais quelqu'un qui a dû patienter un an avant que les pousses ne sortent de terre.
Mais tu peux placer les noyaux dans un bocal contenant de l'ouate humide. Le bocal doit être constamment ouvert et au chaud et l'ouate doit toujours être imbibée d'eau.

Une ampoule électrique augmente l'apport de lumière

Si tu crains que tes plantes ne reçoivent pas assez de lumière, tu peux leur en procurer davantage. Une ampoule normale convient, mais il est préférable d'utiliser une ampoule dont la lumière correspond à la lumière du jour. Tu peux en acheter dans un magasin spécialisé. Malheureusement, elle coûte beaucoup plus cher qu'une ampoule normale.

Il ne faut pas jeter la tige!

L'hiver, on offre beaucoup d' « Étoiles de Noël ». Il s'agit de plantes dotées de feuilles rouges et vertes. Au début, elles sont très jolies. Mais, petit à petit, les feuilles tombent, d'abord les rouges, puis les vertes. C'est alors que les gens jettent leurs plantes.
Moi, j'en ai conservé une. J'ai tout coupé, il n'est resté que la tige. En avril, la plante a commencé à revivre. De nouvelles feuilles ont fait leur apparition. Vertes, jamais plus rouges.

Dans un vieux livre

J'ai trouvé cette image qui date de 1850. Mon bocal garni de plantes (voir page 30) ne date pas d'aujourd'hui. Mais je n'aime pas voir les plantes emprisonnées.

Remplacer les bourdons

Si tu veux transférer du pollen d'une fleur à une autre sans l'intervention d'un bourdon (indésirable dans ta chambre), tu peux très bien le faire toi-même en utilisant un pinceau.

Mère et Enfant

J'ai vu une plante que je vais m'acheter au printemps si on en trouve dans les magasins. Elle s'appelle « Mère et Enfant ». L'enfant pousse sur la feuille de sa mère.

Combien de temps peut-on conserver les graines?

Cela varie d'une espèce à l'autre. Il est préférable de les planter l'année même où on les achète. Les graines de cresson se conservent plusieurs années; sous vide, elles survivent plus longtemps. On a pu faire germer des graines vieilles de plusieurs siècles qui avaient été enfouies dans des marais de tourbe ou du sable sec.

Une expérience: sans soleil, pas de verdure

J'ai trouvé une pomme de terre qui avait germé au fond du garde-manger. Les germes étaient blancs. Lorsque j'ai mis la pomme de terre au soleil, les germes sont rapidement devenus verts.

Il y a aussi des graines d'impatiente

J'ai acheté un sachet de graines. Je les ai semées. Elles ont produit les plus belles impatientes du monde qui ont poussé aussi bien que des boutures (voir page 20).
(Il existe aussi des graines de géranium qui te donneront de jolies fleurs.)

J'ai préparé des tas de pots avec l'impatiente. C'est un bien joli cadeau.

Les coccinelles sont des insectes utiles. Elles mangent les pucerons et les cochenilles. Par conséquent, si tu trouves une coccinelle, ramène-la à la maison et donne-la à tes plantes si elles ont des parasites. Mais si tu utilises un insecticide, n'oublie pas qu'il tuera aussi les coccinelles.

Il est faux de dire

qu'il faut voler les boutures si on veut qu'elles poussent bien, comme beaucoup de gens le prétendent. Il est préférable de demander d'abord la permission.

Noyaux à écorce épaisse

Ponce-les avec du papier de verre avant de les planter. Ils germeront plus rapidement car l'eau va pénétrer plus facilement à travers l'écorce. Cela vaut pour les abricots, les pêches, les olives et les noix.

Un dépôt blanc

sur les pots en terre cuite est normal et pas dangereux.

Ne jette pas les artichauts

Place-les à la fenêtre et laisse-les pousser. Ils vont devenir très jolis.

Le gravier dans le sous-pot

permet à la plante de n'avoir jamais les « pieds dans l'eau ». Il est donc bien utile.

Qu'est-ce qui ne va pas?

Avec Florent, j'ai indiqué dans la colonne de gauche, tout ce qui peut arriver à une plante. Si tu suis la ligne horizontale vers la droite et si tu rencontres une croix verte, remonte la ligne verticale et tu trouveras la cause du mal.

horizontal / vertical	Trop d'eau	Trop peu d'eau	Air trop sec	Trop peu de lumière	Trop de soleil	Trop froid	Courants d'air	Trop peu d'engrais	Trop d'engrais	Il faut rempoter	Il faut émonder	Parasites
Les feuilles tombent		X	X	X			X					X
Les feuilles pendent	X	X			X				X	X		
Les feuilles jaunissent	X	X		X	X		X		X			
Les feuilles restent petites				X		X		X		X		X
La plante ne pousse pas						X	X	X		X		
Le bord des feuilles sèche		X	X									
La plante ne fleurit pas				X			X		X			
La tige est longue et mince				X							X	
Taches claires sur les feuilles					X							X
Trous dans les feuilles												X
« Toiles d'araignée »												X
Rebord de fenêtre collant												X

Page 6 Salut ! je m'appelle Pomme
9 Regarde mon oranger !
10 Noyaux et pépins à planter
12 L'avocat, mon noyau préféré
14 Louise, la fève la plus rapide de la ville
16 Que se passe-t-il au moment de la germination ?
18 J'ai organisé les Olympiades des Petits Pois
20 Mon impatiente est merveilleuse
24 L'art d'arroser
27 Quand je pars en voyage
28 Le cycle de l'eau
30 Un cycle en circuit fermé
32 De quoi vivent les plantes ?
34 Regarde comme il est beau !
35 Jardin de betteraves et de carottes
36 Comment jouer aux « prunes »
38 L'amaryllis, un vilain bulbe pour une jolie fleur
40 C'est quoi, un bulbe ?
41 Comment les graines apparaissent-elles ?
42 J'ai un jardin miniature
44 Les parasites, un bien triste chapitre
46 Je t'offre un lexique des parasites
48 J'arrange mes fleurs
50 Que faire lorsque les fleurs grandissent ?
52 Le cresson — c'est facile et délicieux
54 Joyeux anniversaire, Florent.
56 Le journal des fleurs
59 Qu'est-ce qui ne va pas ?
60 Table des matières

Imprimé en Italie, janvier 1985. N° édit.-impr. 1655.
Dépôt légal : avril 1985. D. 1985/0053/59.
Déposé au Ministère de la Justice, Paris (loi n° 49.956
du 16 juillet 1949
sur les publications destinées à la jeunesse).